von Sybille Weihnachten 2008

Vera Lange

Statt Schokolade

Alles, was sonst noch glücklich macht

Mit Fotografien von Iris und Jochen Grün

PATTLOCH

Das Dilemma mit dem zarten Schmelz

Zugegeben – sie wirkt auf unsere Laune so zuverlässig wie ein Schirm bei Regenwetter: Schokolade fungiert als Helferin in allen Lebenslagen; sie tröstet, belohnt, macht in Sekundenschnelle glücklich. Außerdem ist sie leicht zu beschaffen und kostet nicht mal viel. Vom göttlichen Geschmack ganz zu schweigen!

Womit wir auch schon bei den Gefahren der heiß und kalt geliebten Schokolade wären: Der zarte Schmelz besitzt gefährliches Suchtpotenzial und wirkt manchmal als Verursacher höchst unwillkommener Nebenwirkungen wie das allseits gefürchtete Hüftgold. Darüber hinaus ist es nicht wirklich befriedigend, wenn die Wirkung so schnell wieder verfliegt.

Nicht nur in der Kakaobohne stecken Glücksmomente – ein wahres Universum an Alternativen wartet anderswo auf seine Entdecker. Alternativen, die ein viel tieferes Glückserlebnis schenken als Zartbitter und ganz einfach zu bekommen sind, nicht einmal an der Supermarktkasse muss man dafür anstehen. Alles, was sonst noch glücklich macht, erfordert nur zwei Dinge: ein offenes Herz und entschlossenes Zupacken.

Torten und andere Leckerbissen

Es muss ja nicht immer Schokolade sein – ein Stück Schwarzwälder oder Käsesahne tun es zur Not auch, wenn es etwas Süßes zum Genießen sein soll! So erprobt die Wirkung des Glücksbringers Schokolade sein mag, so wunderbar endlos ist die Entdeckungsreise ins Schlemmerland der süßen Köstlichkeiten.

Kuchen, Torten, Tartes, Eclairs, Soufflés, ein Kosmos selig machender Genüsse wartet auf den, der sich über die überschaubare Welt der Pralinés und Täfelchen hinauswagt.

Schlechtes Gewissen ist definitiv nicht angesagt, wenn wir ausnahmsweise mal von einer Kalorienbombe kosten. Denn jeder Bissen ist eine kleine Sünde wert, und die kann ja im wahrsten Sinne des Wortes klein bleiben. Nehmen wir ein Mini-Törtchen, ein Petit Four: Das Konditorkunstwerk en miniature bietet maximalen Genuss auf minimalem Teig-, Konfitüren-, Marzipan- und Creme-Anteil. Auch ein Besuch im Wiener Kaffeehaus kann kaloriensparend ausfallen – dort nimmt der Konditor scheinbar Rücksicht auf die Linie seiner Kunden und kreiert verschwindend winzige Verführungen.

Wer selbst gerne süße Kunstwerke schafft, gerät natürlich schwer in Versuchung. Was tun mit all den leckeren Brownies, Bisquitrollen und Baisers? Die Alternative zum Verschenken: in mehreren Portionen einfrieren und ab damit in die Tiefkühltruhe, die Schatztruhe jedes Schleckermäulchens.

Wenn Wünsche wahr werden: Meine Glücksfee bin ich

Jeder ist seines Glückes Schmied« heißt ein altes Sprichwort. Ein wenig altmodisch und verstaubt klingt das, ist aber immer noch absolut up to date und auch in Zukunft garantiert zeitlos. Denn es bedeutet: Warte nicht darauf, dass dir das Schicksal Erfolge und wunderbare Momente zu Füßen legt! Verlass dich nicht allein auf die Zuwendungen anderer! Sondern tu selbst etwas dafür, dass du glücklich und zufrieden wirst.

Leicht ist der Weg zur Glücksfee in eigener Sache nicht, zumindest am Anfang. Sich selbst einen Herzenswunsch zu erfüllen – das erscheint so manchem fast absurd. Doch mit kleinen Schritten schaffen es sogar Anfänger vom bescheidenen Träumer zum Realisten, der sich selbst liebt. Warum ewig darauf warten, dass uns jemand einen Ring an den Finger steckt? Selbst aussuchen macht bis dahin auch viel Freude.

Ab sofort gestrichen ist außerdem der Satz: »Für einen alleine kochen lohnt sich nicht.« Und ob es sich lohnt, sich selbst mit Köstlichkeiten zu verwöhnen! Oder sich endlich mal Amsterdam anzuschauen – obwohl es angesichts der Ebbe in der Haushaltskasse unvernünftig ist. Oder sich die unverschämt teure Weiterbildung zu leisten. Und plötzlich erscheinen sogar die großen Wünsche greifbar nah – denn wir setzen uns mit ganzem Herzen dafür ein, dass sie wahr werden: eine schöne Wohnung, den Herzenspartner finden, eine Familie gründen.

Selbst gemachte Sterntaler funkeln irgendwie anders: Je mehr wir davon herstellen, desto stärker wachsen die Gelassenheit und die beruhigende Gewissheit: Auch wenn mal keiner da ist, der sich um uns kümmert, haben wir ja noch – uns selbst.

Die Einstellung macht's: Jedes Wetter genießen

Es gibt Tage, an denen zieht es selbst die stursten Stubenhocker unwiderstehlich nach draußen. Ein laues Lüftchen weht, der Himmel strahlt blau und klar, die Luft lockt mit einem Aroma aus Blüten und frisch gemähtem Gras. Diese sinnlichen Botschaften der Natur beflügeln uns so, dass eine Wanderung oder ein Picknick mit Links organisiert sind. Es ist eine wahre Wonne, sich im

Freien zu bewegen oder einfach nur auf einer Wiese zu liegen! Wunderbar, bis in die lauen Nachtstunden im Biergarten zu sitzen und irgendwann zum Platzen voll mit Frischluft ins Bett zu fallen.

Schönwetter-Typen lassen sich etwas entgehen, wenn sie die Vorhänge zuziehen und die Glotze anschalten, sobald eine Wolkenfront naht. »Hätte«, »wäre«, »würde« sind so Ausreden, mit denen sie sich großartige Möglichkeiten entgehen lassen. »Würde diese Nebelsuppe verschwinden, könnte ich einen Spaziergang machen«, »Bei diesem Wind bleibe ich lieber zu Hause«, »Wenn es nicht regnen würde, wären wir in die Berge gefahren«.

Muss erst immer Postkartenwetter locken, damit wir mal rauskommen? Dabei bietet gerade ein Ausflug an grauen Tagen eine Erfrischung der besonderen Art. Wenn der Wind beim Spaziergang durch den Park so an den Haaren zerrt, dass wir uns in wärmende Schals einpacken, wenn wir mit Gummistiefeln bewehrt durch die Pfützen verlassener Waldwege platschen oder Schneeflocken auf der Nase spüren. Kurz: Wenn so richtig etwas los ist in der Natur, werden all unsere Sinne erst richtig wach.

Mein Körper ist mein Tempel: das Rundum-Verwöhn-Programm

Schon die Vorbereitung auf das individuelle Verwöhn-Programm macht richtig Spaß. Mal nicht an andere denken, sondern ausgiebig überlegen: »Was tut mir wohl gerade gut, wonach verlangen mein Körper und meine Seele?« Ganz neue Wünsche können da auftauchen, die für uns bisher eher untypisch waren. Dem einen steht auf einmal der Sinn nach einem ausgedehnten Kosmetik-Tag, dem anderen nach vitaminreichen Kreationen im

Kochkurs, dem nächsten nach sanft entspannenden Aktivitäten wie Yoga, Stretching oder einem schönen, langen Saunabesuch. Ganz wunderbar ist allein schon das Bewusstsein »Endlich habe ich Zeit für mich!«, »Diese Frei-Zeit schenke ich mir!«. Daher wird sie selbstverständlich wie ein gleichwertiger geschäftlicher Termin im Kalender vermerkt – egal, ob drei Stunden oder ein ganzer Tag. So können wir uns rechtzeitig auf die entspannenden Wohltaten einstimmen, schon mal einen Massage-Termin buchen oder eine Spezialmaske besorgen. Und dem Partner Bescheid sagen, dass wir den Sonntagnachmittag mit der Freundin beim Walken in den Bergen verbringen werden. Oder ihn gleich mit in den Hamam einladen.

Es ist eine wahre Lust, den Alltag konsequent auszuschließen. Aufgaben werden delegiert, die Kinder beim Babysitter abgegeben, der Anrufbeantworter eingeschaltet, sogar das Handy abgestellt – wozu gibt es eine Mobilbox? Schließlich wollen wir ganz tief eintauchen in die Welt des eigenen Kosmos, um wieder aufzutanken. Denn wer sich auch mal auf sich selbst konzentriert und etwas für sich tut, strahlt mehr Gelassenheit, mehr Selbstbewusstsein aus – und genau diese Haltung macht uns für andere ungemein anziehend.

Die Herausforderung nehm ich an!

Da steht dieses neue Wagnis wie ein unbezwingbarer Berg vor uns, den wir am liebsten unauffällig umschiffen würden. Ein neuer Job? Der alte ist ja gar nicht mal so schlecht! Ein neuer Partner? Alleine geht's doch auch ganz prima! Eine Kletter- oder Segeltour? Die altgewohnte Route im Park ist doch viel weniger aufwändig!

Zufriedenheit stellt sich jedoch nur begrenzt ein, wenn wir uns permanent vor neuen Herausforderungen drücken. Nur wer an seine Grenzen geht, erfährt, was alles in ihm steckt. Wenn wir uns überwunden und eine neue Aufgabe oder ein hochgestecktes Ziel angepackt haben, könnten wir platzen vor Stolz und vor Glück. Geschafft – geht doch! Eine wahre Salve von Endorphinen macht uns so high, dass die Blase unter dem Wanderschuh oder die Erschöpfung nach wochenlangem Lernen kaum mehr spürbar ist.

Damit eine Mutprobe zum zuverlässigen Glückshormon-Spender wird, sollte sie uns fordern, aber nicht überfordern, sollte sie uns reizen, aber nicht überreizen. Egal, ob irgendwelche Freunde den Kilimandscharo erklimmen oder Bungee springen – es kommt darauf an, die eigenen Grenzen neu zu vermessen. Und da spielt es keine Rolle, dass der Volkshochschulkurs »Reden halten« für andere wenig spektakulär ist – Hauptsache, wir erringen einen kleinen persönlichen Sieg über unseren inneren Schweinehund.

Pflichtvergessen mit Wonne: ein Wochenende lang gammeln

Schon das Wort hat es in sich: »Gammeln« klingt verdächtig nach Gammlern, nach den Typen, die sonst nichts Besseres zu tun haben, kurz: nach Nichtstuern. Freiwillig abzuhängen dagegen ist nicht nur ein Luxus der besonderen Art, sondern verlangt den ganzen Lebenskünstler.

»Lazy Sunday Afternoon« heißt ein Songtext, der Faulsein zumindest am Sonntag preist – und das ist doch schon mal ein Anfang. Fortgeschrittene dehnen das Seele-Baumeln-Lassen locker auf ein ganzes Wochenende aus. Von Geschäft zu Geschäft hetzen, Arbeit mit nach Hause nehmen, die Wohnung auf Hochglanz bringen, den Kühlschrank abtauen, die Betten beziehen? No way – Ausstrecken und ausgedehntes Frühstück stehen auf dem Programm. Ansonsten gilt: entspannt treiben lassen, das tun, wonach einem gerade der Sinn steht. Auch Kochen muss nicht sein; ein Anruf beim Bringservice, und alle Gelüste von Pizza über Sushi bis hin zum Eisbecher werden stressfrei befriedigt.

Statt Staubsauger und Einkaufszettel dienen Berge von Lesestoff als Gammel-Accessoires, diverse Lieblings-DVDs und, falls vorhanden, Partner oder Haustier zum Kuscheln. Schon allein die Aussicht, dass sämtliche Pflichten nun 48 Stunden lang draußen bleiben, wirkt ungemein entspannend. Versierte Faulenzer schaffen es nach einigen Übungswochenenden, so viel an innerer Ruhe zu tanken, dass sie locker die dazwischen liegenden Arbeitstage überstehen.

Herzerwärmend: ein Rendezvous

Auf einmal verlangen wir nicht mehr nach Schokolade – sondern nach diesem unvergleichlichen Exemplar von Mann oder Frau. Hormone bringen uns rasend schnell in Schwung, wenn das Liebesglück winkt. Allein schon die Vorbereitung auf ein Rendezvous gibt Freiersfüßlern einen Kick in jeder Beziehung: Sie finden sich attraktiver, witziger, schlagfertiger, die Zukunft erscheint rundum rosig und sogar lästige Aufgaben sind ruckzuck erledigt. Es ist einfach ein unvergleichlich berauschendes Gefühl, sich von jemandem begehrt zu fühlen. Ein »Date« mit IHM oder IHR erinnert an den Weihnachtsabend, als wir noch Kind waren. Ungeduld, Sehnen, bange Vorfreude – wenn es dann endlich so weit ist, bewegt sich das Herzflattern um den absoluten Höhepunkt. Macht nichts – dem anderen geht's hoffentlich genauso.

Wer schon einen Partner hat, braucht keineswegs aufs Herzklopfen beim Tête-à-Tête zu verzichten. Wer sagt denn, dass man nach zwei, fünf oder zehn Jahren kein Rendezvous mehr miteinander haben kann? Vorausgesetzt, zumindest einer von beiden regt an, mal aus der Routine auszubrechen. Anstatt wie jeden Freitagabend gemeinsam die Eckkneipe anzusteuern, verabredet man sich beispielsweise zur Abwechslung in einer schicken Bar, überrascht den anderen mit einem neuen Outfit, stößt auf den Geliebten mit kostbarem Champagner an. Und wenn es zu prickeln beginnt, wird klar: Ungewohnte Reize erhöhen die Attraktion des Altgewohnten enorm.

Lachen wie ein Kind – und der Glücksmagnet wird aktiviert

Wenn sie weinen, dann sind sie zutiefst erschüttert und machen scheinbar die Dramen dieser Welt in wenigen Sekunden durch, aber wenn Kinder lachen, dann überraschen sie uns dafür mit Glückseligkeit pur – echt, unverstellt, mitreißend.

Das Erfrischende am Lachen, diesem Geschenk für die Seele: Wenn der Nachwuchs Emotionen zeigt, dann selten mit Rücksicht auf die Umwelt, sondern sich selbst angemessen. Und genau das fasziniert uns immer wieder an Kindern: Dass sie nicht filtern, nicht abwägen, sondern spontan reagieren.

Wäre es nicht schön, auch als Erwachsener mal wieder so richtig spontan loszuprusten? Doch Konventionen, Erziehung oder die Vernunft verbieten es uns meist, die ganze Kraft unserer Gefühle zu entfesseln. Da ist es umso befreiender, wenn ein Kind uns daran erinnert, was wir selbst einmal konnten: Uns von ganzem Herzen freuen und amüsieren, einfach lachen, bis sich die Balken biegen.

Auf einmal drehen sich die Verhältnisse um: Der kleine Mensch gibt uns eine Lektion, er lädt uns ein, doch mitzukichern, worüber, ist eigentlich unwichtig. Ein Blick in das strahlende Gesicht reicht, und schon sind wir angesteckt von überbordender Lebensfreude, schon breitet sich diese beglückende, alles überflutende Wärme bis in die Zehenspitzen aus.

Atmosphärisch happy: schöner wohnen

Wenn nur endlich die versierten Spezialisten aus TV-Sendungen wie »Tapetenwechsel« und Co. auch bei uns klingeln würden, um die faden vier Wände auf Hochglanz zu bringen! Doch weil diese bequeme Art der Blitzrenovierung eher unwahrscheinlich ist, wächst der Leidensdruck von Monat zu Monat. Immer mehr stört am Heim: der Eingangsbereich steril wie beim Internisten, die Lampen altbacken, das Wohnzimmer zuletzt in den 90ern gestrichen. »Raus aus der graumäusigen Passivität, rein in die Veränderung!« denken wir rein theoretisch und verharren trotzdem jahrelang in wohntechnischer Starre.

Doch dann kommt der Tag, an dem wir einen Stapel Einrichtungsmagazine besorgen, gebannt vor dem Schaufenster eines Einrichtungsgeschäftes stehen oder das umwerfend eingerichtete Domizil von Freunden bewundern. Auf einmal geht uns ein Licht auf, was sich verändern soll, und ein schöneres Wohnen geht ganz leicht. Manchmal reichen ein paar neue Akzente wie Vorhangstoffe oder ein peppiger Bettbezug mit passendem Überwurf, etwas Dekomaterial oder neue Wandfarbe, um die langweilige Bude in eine neue Wohnwelt zu verwandeln. Oder ein einziges neues Möbelstück gibt, geschickt ausgewählt, einem Zimmer mit einem Mal eine ganz andere Ausstrahlung.

Wo Neues ins Haus kommt, muss Altes raus. Was Entscheidungen und die Trennung von altem Kram voraussetzt. Wer es einmal über sich gebracht hat, zu entrümpeln, fühlt sich mindestens ums Doppelte des tatsächlichen Gewichtes erleichtert. Solche Aktionen bringen gleichzeitig mehr Klarheit und Raum fürs Glück ins Leben.

Kurztrip oder Weltreise – unterwegs zu mir selbst

Die Planungsphase beginnt schon lange vor dem Buchen – in unserer Phantasie. Mitten in der Alltagsroutine mieten wir bereits in Gedanken einen Strandkorb auf Sylt, schlürfen einen duftenden Espresso corretto an der Via Appia oder radeln gemächlich durch Schatten spendende Alleen Südfrankreichs. Wenn wir dann wirklich angekommen sind, lassen wir ruckzuck unsere Alltagsprobleme hinter uns, denn: Wer unterwegs ist, konzentriert sich mit nie gekannter Leichtigkeit auf das Hier und Jetzt. Beobachtet vielleicht aus den Augenwinkeln heraus den eingeschworenen Männer-Stammtisch im griechischen Dorf, lauscht den Wellen, wie sie an die bunten Fischerboote schwappen, speichert das Bild der temperamentvoll schnaubenden Pferde hinter der Koppel oder in der ungewohnt rauen Landschaft. Wie ein Schwamm saugen wir all die faszinierenden Eindrücke in uns auf. Lange Flüge, Zeitverschiebung oder Wartezeiten stecken leidenschaftlich Reisende locker weg. Schließlich ist der Weg das Ziel – und da sieht man sogar großzügig über landestypische Langsamkeit oder falsche Auskünfte hinweg. Was uns die Fahrt gibt, ist viel wichtiger: Mit der Luftveränderung kehrt unsere Lebendigkeit zurück, fühlen wir uns wieder im Einklang mit uns selbst. Allein diese Erfahrung ist schon eine Reise wert.

Man braucht nicht einmal ein Vermögen in einen solchen Selbstfindungstrip zu investieren. In unserer Phantasie sind zwar Traumziele von Karibik-Insel bis Himalaja das erlösende Bild vom Alltag – doch auch ein Wochenendausflug lässt mal wieder so richtig aufatmen und erfrischt die Seele. Zum Beispiel eine Wanderung am Fluss entlang inklusive Picknick, ein Städtetrip oder eine gemütliche Zugfahrt ins neue Museum.

Freunde, heute feiern wir ein Fest!

Lange nicht mehr gesehen«, müssen wir uns oft eingestehen, denken wir an die unterschiedlichsten Leute in unserem Leben. Das lässt sich ganz schnell ändern – wenn man sie alle oder eine Auswahl zum Feiern lädt. Alte Schulfreunde, lieb gewonnene Kollegen, aktuelle Vertraute – oft wird ein Fest zum Treffer, wenn sich die Geladenen erst am Küchenbüffet kennen lernen. Es muss nicht pompös sein, es muss nicht teuer sein, es muss nicht konkurrenzlos extravagant sein; nicht die preiswürdige Deko, die heiße Location oder das perfekte Dinner spielen die Hauptrolle – was zählt, ist das Wiedersehen.

Klar wollen wir, dass sich unsere Gäste wohlfühlen. Trotzdem muss nicht alles bis aufs i-Tüpfelchen perfekt sein, bevor wir jemanden einladen. Denn wer so denkt, verschiebt seine Pläne garantiert auf den Sankt-Nimmerleins-Tag. Auch der Gastgeber sollte »seinen« Abend genießen, ob Geburtstagsfete oder Cocktailparty. Ein Trick für mehr Gelassenheit: Man bittet die Anwesenden, kleine Aufgaben zu übernehmen. Damit schlägt der versierte Einladende gleich zwei Fliegen mit einer Klappe: Er kann sich entspannt seinen Freunden widmen und gibt auch anderen die Möglichkeit, mit ihren Partybeiträgen zu glänzen.

Mit einem Fest beschenken wir uns selbst, weil wir alle Menschen um uns versammeln, die uns etwas bedeuten. Für diesen einen Tag oder Abend verwandelt der Gastgeber die eigene Wohnung in ein kostbares Behältnis, das er eigenhändig gefüllt hat: Jeder Gast ist für ihn etwas ganz Besonderes. Der Aufwand lohnt sich – denn die Freude über die gelungene Party hält noch lange an.

Macht richtig reich: mit Liebe schenken

Schenken ist in Wirklichkeit leicht – es scheint nur oft so schwer. Den Bogen hat heraus, wer sich ganz auf den Beschenkten konzentriert und überlegt: Womit beschäftigt er sich gerade, was ist typisch für ihn, was mag er? Sobald die Gedanken vom eigenen Termindruck wegwandern, fallen uns Überraschungen ein, die wirklich zu ihm passen. Auf einmal zählt nicht mehr, dass wir ein Geschenk finden müssen, sondern dass sich der andere freuen soll. Genau das soll ein Geschenk vermitteln: »Ich habe mir

Gedanken über dich gemacht und wünsche mir, dass du dich über das Ergebnis freust.« Sobald wir uns in unseren Bruder Tom oder in unsere nette Nachbarin hineindenken, macht Schenken richtig Spaß. Dabei kommen wir uns manchmal fast vor wie ein Detektiv, der Spuren verfolgt oder nahe stehende Personen ausfragt. Denn wenn wir jemanden weniger gut kennen, kann ein Informant durchaus hilfreich sein, der uns auf die richtige Spur führt.

Ungemein an Wert gewinnt die Gabe außerdem durch das richtige Drumherum, eine liebevolle Verpackung. Wenn beispielsweise ein Reisegutschein oder ein Übernachtungsbon für ein Hotel auf Capri auf einen kleinen Globus gepinnt überreicht wird, vermittelt das, dass sich der Schenkende richtig Mühe gemacht hat. Schenken kann man selbstverständlich auch ohne konkreten Anlass: Dem Partner eine Kleinigkeit auf den Frühstücksteller legen, die Kollegin mit einer Blume überraschen. Oder man kreiert einfach einen Grund: »Weil du für mich da bist«, »Damit du wieder lachst«, »Für die beste Freundin der Welt«. Und wenn der Beschenkte dann strahlt vor Freude, macht uns das selbst automatisch ein Stückchen glücklicher.

Die kreative Seite: Entdecke deine Glücksquelle!

Die einen können besonders gut Cartoons zeichnen, die anderen sind die geborenen Hobbyfotografen oder ganz groß im Restaurieren von Möbeln. Wieder anderen gehen Kurzgeschichten oder Gedichte locker von der Hand, während manchen das Talent zum Schneidern in die Wiege gelegt wurde. Kreativität hat unzählige Gesichter – kein Talent ist wie das andere, jedes Werk unverwechselbar. Einige wissen schon von Kindesbeinen an um ihre Begabung, andere müssen sie erst suchen. Am liebsten zeigt sie sich, wenn man ganz entspannt die Gedanken vorbeiziehen lässt. Was würde mir besonders großen Spaß machen? Wie drücke ich mich gerne aus? Die spontanen Eingebungen sind oft die besten, außerdem müssen die ersten Gehversuche ja nicht gleich zum Endlos-Trip werden. Ein bisschen Herumprobieren macht Spaß, niemand steht hinter uns mit erhobenem Zeigefinger. Viele Menschen schnuppern zum Beispiel erst einmal in verschiedenste Kurse, um die beste Ausdrucksmöglichkeit für sich zu finden.

Oft frisst der Alltag so viel Zeit, dass wir vergessen, was sonst noch alles in uns steckt. Da hilft es, sich Platz fürs Abenteuer Kreativität zu schaffen. Egal, ob sich das im Schneidern, dem Bauen von Schiffsmodellen, Singen oder Sushiwickeln ausdrückt – Hauptsache, wir befreien uns vom Erfolgsdruck des Alltags. Erst dann öffnen sich die Tore für einen besonders beglückenden Zustand: den »Flow«. Er lässt uns vollkommen mit unserer Tätigkeit verschmelzen und alles um uns herum vergessen. Wer seine kreative Ader erst einmal entdeckt hat, verfügt über eine individuelle Quelle der Erholung, der Gelassenheit und des Selbstbewusstseins.

Die Erinnerungskiste – Platz für Glücksmomente

Sie wirkt wie Traubenzucker für die Energie: schnell, unkompliziert und ohne Nebenwirkungen. Bei akutem Mangel an Glück hilft die Erinnerungskiste garantiert. Hier wird alles aufbewahrt, was uns an schöne Tage (und selbstverständlich auch Nächte) erinnert. Der Inhalt erscheint Außenstehenden oft ganz banal: Das Zuckertütchen vom Café am Lido, das den Spontantrip an den Gardasee wieder aufleben lässt. Der kleine Steiff-Bär mit den ausgefransten Ohren, den wir schon als Zweijährige mit uns umhergeschleppt haben. Das abgegriffene Foto von der Florenz-Reise mit der Abschlussklasse. Die getrocknete rote Rose vom aufregenden Rendezvous mit unserem ersten »festen« Freund. Der Schlüsselanhänger für unser geliebtes Käfer-Cabrio – all diese Dinge wirken wie Katalysatoren für die Erinnerung: Ein unscheinbarer Gegenstand setzt auch heute noch wahre Kaskaden von Glücksgefühlen frei.

All diese Glückmomente sind Teil unserer Geschichte, einzigartig – und so richtig kostbar. Daher gebührt ihnen ein angemessener Platz, an dem sie schlummern können, bis wir sie wieder brauchen. Dem Anlass angemessen könnte man sich eine stabile Metalldose oder eine aufwändig gestaltete Schachtel aus dem Schreibwarengeschäft leisten, den Behälter kunstvoll beschriften und innen mit knisterndem Seidenpapier ausschlagen. Wer allerdings gerade in melancholischer Stimmung badet nach dem Motto »So schön wie früher wird es nie wieder«, sollte sich von der Sammlung fern halten. Denn die ist dafür da, dass wir uns über all unsere wunderbaren Erlebnisse freuen, statt sie als passé zu betrauern. Sie soll uns motivieren, unseren Schatz an glücklichen Erinnerungen zügig zu vergrößern.

Der Moment zählt: von Tieren lernen

Oft springt der Alltag ganz schön rücksichtslos mit uns um. Längst haben wir uns daran gewöhnt und spielen meist klaglos ein Spiel mit, das nicht wirklich unseres ist. Machen Überstunden, bis wir völlig ausgebrannt sind, verharren in der Wohnung an der befahrenen Straße, lassen frühmorgens den Wecker klingeln, obwohl wir Nachteulen sind. Nachzuspüren und zu bestärken, was wir wirklich wollen – das haben wir fast verlernt. Um wieder zu uns selbst zu finden, braucht es keinen Guru und keine teuren Selbstfindungskurse.

Es gibt Wesen, die sind die besten Lehrmeister für gestresste Menschen; und sie bieten ihre Lektionen gratis und völlig unverbindlich an. Einzige Bedingung: Bitte nicht stören, nur schauen, verstehen und wirken lassen!

- *Wenn die Sonne durchkommt: Geh raus und fang ein paar Strahlen ein!*
- *Nach dem Schlafen: Reck und streck dich!*
- *Bei allem Entgegenkommen dem Chef gegenüber – bleib du selbst!*
- *Wenn der Napf geleert ist: kurzes Verdauungsschläfchen fällig!*
- *Bei Sport und Spiel: Etwas Übermut tut auch Erwachsenen gut!*
- *Wenn dich etwas neugierig macht: Schau nach!*
- *Naht eine liebevolle Hand: Strecke dich ihr entgegen!*

Tiere zeigen uns, wie man das Beste aus jedem Moment macht: »Nutze den Augenblick!« lautet ihr Credo. Hund, Katze, Pferd oder Hase lassen den Herrn einen guten Mann sein, wenn der Instinkt ruft. Sie recken und strecken sich genüsslich, laufen regelmäßig ihre Jogging-Strecken, essen, wenn sie Hunger haben, genießen ausgiebig Streicheleinheiten und Ruhepausen. Eigentlich ganz einfach!

Was will ich jetzt? Spontan sein

Wer ausschließlich auf Routine setzt, der wird von Jahr zu Jahr bequemer und verlernt es irgendwann, spontan zu sein. Dabei wirken ungeplante Aktionen gerade in einem geregelten Leben ungemein erfrischend. Tanzen, lachen, eine fröhliche Melodie pfeifen – die kleinen Highlights zwischendurch sind es nämlich, die frische Farbe in den Alltag bringen. Glücklicherweise kann man Spontanität lernen – zum Beispiel mit einer kleinen Übung:

- *Zweimal täglich die Augen schließen*
- *Dabei siebenmal tief ein- und ausatmen*
- *Überlegen: Wonach wäre mir in diesem Augenblick?*
- *»Verrückte« Ideen nicht zensieren*
- *Eine kleine Verrücktheit umsetzen – und zwar möglichst schnell*

Wer häufig und gerne spontan ist, wird von behäbigeren Typen oft als unzuverlässig hingestellt. Purer Neid! Mal ungeplant handeln heißt eben auch, ein kleines bisschen unberechenbar zu sein in unserer festgezurrten Welt. Und das wirkt eigentlich nicht nur auf uns selbst belebend, sondern auch auf unsere Umwelt.

Denn spontan sein heißt ja nicht, den Chef zu verführen, den Job hinzuwerfen oder eine Beziehung mir nichts, dir nichts zu beenden. Es geht darum, verstärkt Glücksmomente ins Leben zu schleusen. Indem wir uns beispielsweise zwischendurch einen leckeren Cappuccino vom Italiener um die Ecke statt der Flüssigkeit aus dem Büro-Automaten gönnen, indem wir eine Kleinigkeit verschenken, indem wir grundsätzlich die Lust steigern, uns und anderen etwas Gutes zu tun.

Raus in den Glückstank: Natur mit allen Fasern erleben

Ein Glückspilz, wer direkt am Waldrand oder in Ufernähe wohnt. Ein paar Schritte vor die Haustür genügen, und schon ist man mitten drin in der schönsten Natur. Schnell umfängt einen himmlische Ruhe, die nur von Vogelgezwitscher oder dem Rauschen der Bäume belebt wird. Es hat etwas Meditatives, wenn man sich draußen bewegt, egal ob man joggt, schlendert oder radelt: Der Kopf wird frei und wir spüren endlich wieder unseren Körper, werden Teil des großen Ganzen. Großstadtmenschen dagegen müssen sich erst mal überwinden, weil es wesentlich zeitaufwändiger für sie ist, ins Grüne zu kommen. Aber dann macht's der Kontrast: Statt dreispurigem Verkehr ein schmaler Wanderweg, statt Häuserschluchten die Berghütte aus Holz. Zwischendurch hilft die Minimallösung: ein Spaziergang durch den nächstgelegenen Park oder der Besuch des Botanischen Gartens bieten zwar meist nicht gerade ein Bad in der Einsamkeit, helfen aber trotzdem bei akutem Grün- und Sauerstoffmangel.

Der Glückstank Natur ist besser als jede Floating-Wanne oder jeder Tonträger mit Meeresrauschen. Draußen lässt sich Sinnlichkeit ganz einfach trainieren, denn sie regt die Wahrnehmung an: schauen, hören, riechen, fühlen und manchmal auch ein paar Heidelbeeren schmecken. Wer sich gefangen nehmen lässt vom vielfältigen Farbspiel der Natur, wer Salzluft oder Waldaroma schnuppert, wer Tannenzapfen wie eine Chi-Gong-Kugel durch die Handflächen gleiten lässt, wer eine Himbeere vom Waldrand kostet oder still auf einer Bank dem Vogelgezwitscher lauscht, spürt mit allen Fasern: Ich lebe!

Sternschnuppen im Alltag – die gibt es!

Schon gewusst? Wir leben ein echtes Goldgräberleben. Schöne Momente glitzern und funkeln überall auf unserem Weg – sie wollen nur wahrgenommen werden. Die Glückslotterie unseres Lebens werden uns nämlich selten so auffallend präsentiert wie in der Auslage eines Juweliers, sondern kommen meist ziemlich unscheinbar daher.

Beispielsweise wenn ein Kind im Bus einen lustigen Kommentar abgibt. Wenn sich ein Kunde ganz herzlich für den guten Service bedankt. Wenn wir ein fast perfektes Dinner genießen. Wenn sich Abendrot wie auf einer Kitschpostkarte über die Wölkchen am Himmel legt. Wenn, wenn, wenn ...

All diese kleinen kostbaren Momente sind es wert, einen Augenblick lang inne zu halten und sie auf sich wirken zu lassen. Und sich zu freuen, dass wir sie erleben dürfen. Wer zu dieser Haltung findet, wird garantiert niemals einer dieser ewig unzufriedenen Menschen – obwohl denen genauso viele Glücksmomente präsentiert werden. Sie warten stattdessen auf den Sechser in der Glückslotterie und lassen sich inzwischen von den Sorgen des Alltags niederdrücken. Mit den schönen Momenten ist es wie mit Sternschnuppen: Nur wer ihr Funkeln erkennt, dem wärmen sie das Herz.

Bibliografische Information: Deutsche Nationalbibliothek
Die Deutsche Nationalbibliothek verzeichnet diese Publikation in der Deutschen Nationalbibliografie; detaillierte bibliografische Daten sind im Internet über http://dnb.d-nb.de abrufbar.

Gesamtgestaltung:
Greenstuff, Iris & Jochen Grün
www.greenstuff.de
Composings aus © Photodisc: S. 6, 18, 20, 28
Lektorat: Bettina Gratzki, Pattloch Verlag
Druck und Bindung: Uhl, Radolfzell

05 04 03 02 01

ISBN 978-3-629-10175-4

www.pattloch.de